INTRODUCTION TO CHINESE ECONOMY

中国经济简介

学习简单的中国地理

QING QING JIANG

江清清

PREFACE

It's time to learn Chinese geography! China is so big!! Well, China is bigger than the USA, not just in terms of population, but in the area too! China has so many provinces, cities, rivers, mountains, lakes, and blah blah! There are so many things to learn about the Chinese geography. I am glad to bring you to Chinese Geography series. In this series, I'll introduce you to some of the most important and must-know topics from China's vast territory (中国地理的常识).

The books in Chinese Geography series contain numerous lessons in Mandarin Chinese. We start with a brief introduction of the book in the preface (前言) in Chinese and pinyin, a bit detailed introduction of the main theme (in English), and continue to dig the geography in different chapters. Each book contains 7 to 10 chapters made of simple Chinese sentences. For the readers' convenience, a comprehensive vocabulary (English, Chinese, and pinyin) has been provided at the beginning of each chapter. The pinyin for the Chinese text is provided after the main text. Further, to enforce a deeper Chinese learning, the English interpretation of the Chinese text has been deliberately excluded from the books. This would help the readers think deeply about the contents the way native Chinese do! In order to help the students of Mandarin Chinese remember important characters, words, long words, idioms, etc., these entities have been purposely repeated throughout the book, and across the books in the series. Taken together, the books in Chinese Geography series will tremendously help readers improve their Chinese, especially the reading skills.

If you have any questions, suggestions, and feedbacks, feel free to let me know in the review or comments.

You can find more about China and Chinese culture on my blog and Amazon homepage.

I blog at: **www.QuoraChinese.com**

-Qing Qing 江清清

©2023 Qing Qing Jiang

All rights reserved.

CHINESE GEOGRAPHY

SELF-LEARN READING

MANDARIN CHINESE, VOCABULARY,

EASY SENTENCES,

HSK ALL LEVELS

(PINYIN, SIMPLIFIED CHARACTERS)

ACKNOWLEDGMENTS

I am a blogger. It has been a long and interesting journey since I started blogging quite a few years ago.

The blogging passion enabled me to write useful contents. In particular, I have been writing about China, and its culture.

My passion in writing was supported by my friends, colleagues, and most importantly, the almighty.

I thank everyone for constantly inspiring me in my life endeavours.

CONTENTS

PREFACE 2
ACKNOWLEDGMENTS 4
CONTENTS 5
INTRODUCTION TO CHINESE GEOGRAPHY (中国地理的简介) 7
FIVE-YEAR PLANS (五年规划) 9
THE RISE OF AGRICULTURAL ECONOMY (农业经济的兴起) 10
SMALL PEASANT ECONOMY (农业和手工业结合下的小农经济) 15
THE START OF CAPITALIST ECONOMY (资本主义经济的萌芽) 22
PLANNED ECONOMY (计划经济) 27
SOCIALIST MARKET ECONOMY (社会主义市场经济) 33
CONCLUDING REMARKS (结语) 38

前言

"经济"这个词从本质上来讲，指的是人类社会创造和消费的精神以及物质资料的总称。在中国，"经济"这个词最早出现在东晋的时候。它是"经世济民"这个词的简化，意思是治理国家平定天下的意思。而使"经济"这个词拥有了国家和人民生活水平发展的意思的人，是清朝末年的梁启超，他在翻译的书籍中头一次引入了经济这个概念。中国作为一个历史悠久的古国。本文就将通过几个最出名的经济体制，简单叙述中国的历史经济发展状况。

"Jīngjì" zhège cí cóng běnzhí shànglái jiǎng, zhǐ de shì rénlèi shèhuì chuàngzào hé xiāofèi de jīngshén yǐjí wùzhí zīliào de zǒngchēng. Zài zhōngguó, "jīngjì" zhège cí zuìzǎo chūxiàn zài dōngjìn de shíhòu. Tā shì "jīng shì jì mín" zhège cí de jiǎnhuà, yìsi shì zhìlǐ guójiā píngdìng tiānxià de yìsi. Ér shǐ "jīngjì" zhège cí yǒngyǒule guójiā hé rénmín shēnghuó shuǐpíng fāzhǎn de yìsi de rén, shì qīngcháo mònián de liángqǐchāo, tā zài fānyì de shūjí zhōng tóu yīcì yǐnrùle jīngjì zhège gàiniàn. Zhōngguó zuòwéi yīgè lìshǐ yōujiǔ de gǔguó. Běnwén jiù jiāng tōngguò jǐ gè zuì chūmíng de jīngjì tǐzhì, jiǎndān xùshù zhōngguó de lìshǐ jīngjì fāzhǎn zhuàngkuàng.

INTRODUCTION TO CHINESE GEOGRAPHY (中国地理的简介)

After the founding of the People's Republic of China, through planned large-scale development, China has become one of the world's most promising economic powers (经济大国之一).

The reform and opening up (改革开放) since 1979 enabled the Chinese economy to achieve an unprecedented and rapid growth.

After entering the 21st century, China's economy continued to maintain a steady and rapid growth. China has gradually established a market economic system where the market plays a decisive role in resource allocation. Although China still follows an economic pattern in which the public-owned economy is very important, the non-public-owned economy, such as individuals, private business, and foreign-invested firms develop together with the public enterprises.

With growing economic might, China has become a moderately prosperous society (小康社会) as the people's lives have reached a moderately prosperous level (小康水平).

After reform and opening up, China's growth rate was nearly 10% in for the 30 years. In particular, the growth rate during the Eleventh Five-Year Plan (2006-2010) was over 11%.

On January 18, 2021, the National Bureau of Statistics (国家统计局) released data confirming that in 2020 China's gross domestic product (国内生产总值, GDP) exceeded the 100 trillion yuan mark for the first time.

On October 18, 2021, the National Bureau of Statistics released data that in the first three quarters of 2021, China's economy grew by 9.8% year-on-year and continue to recover steadily.

On January 17, 2022, the National Bureau of Statistics released preliminary economic data for 2021. According to the preliminary calculations, China's GDP in 2021 was 114.367 trillion yuan, an increase of 8.1% over the previous year at constant prices, and an average growth of 5.1% for the two years.

Various macro data released by the National Bureau of Statistics show that China's economic growth rate has begun to slow down (变缓). For example, on April 18, 2022, the National Bureau of Statistics released new data. According to preliminary calculations, in the first quarter, China's GDP was 27,017.8 billion yuan, a year-on-year increase of 4.8%.

FIVE-YEAR PLANS (五年规划)

From 1953 to 2020, China successively completed 13 "Five-year Plans" (五年规划) and achieved remarkable economic growth, laying a solid foundation for the development of the national economy.

1. The first five-year plan: 1953-1957
2. Second Five-Year Plan: 1958-1962
3. The Third Five-Year Plan: 1966-1970
4. Fourth Five-Year Plan: 1971-1975
5. Fifth Five-Year Plan: 1976-1980
6. Sixth Five-Year Plan: 1981-1985
7. Seventh Five-Year Plan: 1986-1990
8. Eighth Five-Year Plan: 1991-1995
9. Ninth Five-Year Plan: 1996-2000
10. Tenth Five-Year Plan: 2001-2005
11. Eleventh Five-Year Plan: 2006-2010
12. Twelfth Five-Year Plan: 2011-2015
13. Thirteenth Five-Year Plan: 2016-2020
14. Fourteenth Five-Year Plan: 2021-2025

THE RISE OF AGRICULTURAL ECONOMY (农业经济的兴起)

1	开始出现	Kāishǐ chūxiàn	Starting occurrence
2	翻天覆地	Fāntiān fùdì	Turn the world upside down; a tremendous change; earthshaking; epoch-making
3	农业经济	Nóngyè jīngjì	Agricultural economy
4	取代	Qǔdài	Displace; replace; substitute for
5	原始社会	Yuánshǐ shèhuì	Primitive society
6	以物易物	Yǐ wù yì wù	Exchange of goods; exchange of one commodity for another
7	经济体制	Jīngjì tǐzhì	Economic structure; economic system
8	社会制度	Shèhuì zhìdù	Social institution; social system
9	生产方式	Shēngchǎn fāngshì	Mode of production
10	革新	Géxīn	Renovation; reform; reformation; innovation
11	历史上	Lìshǐ shàng	Historically; in history
12	有名	Yǒumíng	Well-known; famous; celebrated
13	奴隶制度	Núlì zhìdù	Slavery; slavery system; institution of slavery
14	时常	Shícháng	Often; frequently; now and again
15	战败	Zhànbài	Suffer a defeat; be defeated
16	臣服	Chénfú	Submit oneself to the rule of
17	听从	Tīngcóng	Obey; heed; comply with
18	奴隶主	Núlì zhǔ	Slave owner; slaveholder

19	不允许	Bù yǔnxǔ	Not allow; inadmissibility
20	奴隶	Núlì	Slave
21	日落	Rìluò	Sunset
22	劳动	Láodòng	Work; labor
23	他们的	Tāmen de	Their; theirs
24	自己的	Zìjǐ de	Self
25	工作量	Gōngzuò liàng	Workload; amount of work
26	在当时	Zài dāngshí	At that time; in those days; at the time
27	种地	Zhòng dì	Till land; go in for farming; do farm work
28	充沛	Chōngpèi	Plentiful; abundant; full of
29	固然	Gùrán	No doubt; it is true; true
30	不可以	Bù kěyǐ	Not allowed; mustn't
31	摘取	Zhāi qǔ	Pick (out); extract
32	果实	Guǒshí	Fruit; fructification; gains; fruits
33	打猎	Dǎliè	Go hunting
34	捕鱼	Bǔ yú	Catch fish; fish; fishing
35	迫使	Pòshǐ	Force; oblige; compel; enforce
36	部落	Bùluò	Tribe
37	从此	Cóngcǐ	From this time on; from now on; from then on; henceforth
38	另外一个	Lìngwài yīgè	Another; the other; yet another
39	使得	Shǐdé	Can be used; usable
40	当时	Dāngshí	Then; at that time; just at that moment; right away
41	迅速发展	Xùnsù fāzhǎn	Speed development; mushroom growth
42	变革	Biàngé	Transform; reform; alter; change

43	时期	Shíqí	Period
44	只能	Zhǐ néng	Can only
45	骨头	Gǔtou	Bone
46	贝壳	Bèiké	Conch; shell; sea shell
47	青铜	Qīng tóng	Bronze
48	器皿	Qì mǐn	Household utensils; quart pot; containers, esp. For use in the house; kitchen ware
49	周朝	Zhōu cháo	Zhou dynasty (1045-221 BC)
50	春秋	Chūnqiū	Spring and autumn; year; age; annals
51	学会	Xuéhuì	Learn; master
52	冶炼	Yěliàn	Smelt
53	铁器	Tiěqì	Ironware; iron
54	极大地	Jí dàdì	Greatly; tremendously; immensely
55	生产力	Shēngchǎnlì	Productivity; productive forces; forces of production
56	锄头	Chútóu	Hoe
57	耙子	Bàzi	Rabble; rake
58	极大	Jí dà	Maximum
59	农民	Nóngmín	Peasant; peasantry; farmer
60	使用率	Shǐyòng lǜ	Rate of utilization
61	飞速	Fēisù	At full speed

Chinese (中文)

夏商周时期，中国的经济开始出现了翻天覆地的变化。农业经济逐渐取代了原始社会以物易物的方式，成为中国社会新的经济方式。这一段时期经济体制变化的主要原因有两个——社会制度和生产方式的革新。

我们都知道，夏商周时期是中国历史上有名的奴隶制度社会。当时的部落之间时常发生战争，而战败的部落一方，都要向战胜方进献奴隶以示臣服。这些奴隶需要完全听从奴隶主的要求，不允许具有个人的意志。当他们不是奴隶的时候，他们每天可以日出而作，日落而息，生活劳动的时间都是自己来决定。但是成为奴隶之后，他们的一切安排都要听从奴隶主的。奴隶主们为了自己的收益，就会给奴隶们增加很多的工作量。在当时，奴隶主要的工作就是种地。人口的充沛固然带来了劳动力的上升，但是给本来就不充足的社会资源的分配带来了问题。人们不可以再单纯地依靠摘取自然成熟的果实或者简单的打猎和捕鱼来生存。这迫使他们不得不学习种地来自己生产食物来满足部落的物质。中国也从此进入了农业社会。

而另外一个使得当时的农业社会迅速发展的原因就是生产方式的变革。在夏商周时期，人们可以更加成熟地运用各种劳动工具。和早期的人类只能使用骨头、贝壳等简单的工具相比，夏商周时期的人已经创造出了青铜制的工具和器皿。而到了周朝的春秋时期，人们更是学会了冶炼铁器。铁器的出现极大地推动了生产力的发展。这一时期出现的锄头、耙子和犁，极大地提高了当时的农民对于土地的使用率，使得农业经济开始了飞速的发展。

Pinyin (拼音)

Xià shāng zhōu shíqí, zhōngguó de jīngjì kāishǐ chūxiànle fāntiānfùdì de biànhuà. Nóngyè jīngjì zhújiàn qǔdàile yuánshǐ shèhuì yǐ wù yì wù de fāngshì, chéngwéi zhōngguó shèhuì xīn de jīngjì fāngshì. Zhè yīduàn shíqí jīngjì tǐzhì biànhuà de zhǔyào yuányīn yǒu liǎng gè——shèhuì zhìdù hé shēngchǎn fāngshì de géxīn.

Wǒmen dōu zhīdào, xià shāng zhōu shíqí shì zhōngguó lìshǐ shàng yǒumíng de núlì zhìdù shèhuì. Dāngshí de bùluò zhī jiān shícháng fāshēng zhànzhēng, ér zhànbài de bùluò yīfāng, dōu yào xiàng zhànshèng fāngjìnxiàn núlì yǐ shì chénfú. Zhèxiē núlì xūyào wánquán tīngcóng núlì zhǔ de yāoqiú, bù yǔnxǔ jùyǒu gèrén de yìzhì. Dāng tāmen bùshì núlì de shíhòu, tāmen měitiān kěyǐ rì chū ér zuò, rìluò ér xī, shēnghuó láodòng de shíjiān dōu shì zìjǐ lái juédìng. Dànshì chéngwéi núlì zhīhòu, tāmen de yīqiè ānpái dōu yào tīngcóng núlì zhǔ de. Núlì zhǔmen wèile zìjǐ de shōuyì, jiù huì gěi núlìmen zēngjiā hěnduō de gōngzuò liàng. Zài dāngshí, núlì zhǔyào de gōngzuò jiùshì zhòng dì. Rénkǒu de chōngpèi gùrán dài láile láodònglì de shàngshēng, dànshì gěi běnlái jiù bù chōngzú de shèhuì zīyuán de fēnpèi dài láile wèntí. Rénmen bù kěyǐ zài dānchún de yīkào zhāi qǔ zìrán chéngshú de guǒshí huòzhě jiǎndān de dǎliè hé bǔ yú lái shēngcún. Zhè pòshǐ tāmen bùdé bù xuéxí zhòng dì lái zìjǐ shēngchǎn shíwù lái mǎnzú bùluò de wùzhí. Zhōngguó yě cóngcǐ jìnrùle nóngyè shèhuì.

Ér lìngwài yīgè shǐdé dàng shí de nóngyè shèhuì xùnsù fāzhǎn de yuányīn jiùshì shēngchǎn fāngshì de biàngé. Zài xià shāng zhōu shíqí, rénmen kěyǐ gèngjiā chéngshú dì yùnyòng gè zhǒng láodòng gōngjù. Hé zǎoqí de rénlèi zhǐ néng shǐyòng gǔtou, bèiké děng jiǎndān de gōngjù xiāng bǐ, xià shāng zhōu shíqí de rén yǐjīng chuàngzào chūle qīngtóng zhì de gōngjù hé qìmǐn. Ér dàole zhōu cháo de chūnqiū shíqí, rénmen gèng shì xuéhuìle yěliàn tiěqì. Tiěqì de chūxiàn jí dàdì tuīdòngle shēngchǎnlì de fā zhǎn. Zhè yī shíqí chūxiàn de chútóu, bàzi hé lí, jí dàdì tí gāo liǎo dàng shí de nóngmíng duìyú tǔdì de shǐyòng lǜ, shǐdé nóngyè jīngjì kāishǐle fēisù de fā zhǎn.

SMALL PEASANT ECONOMY (农业和手工业结合下的小农经济)

1	秦朝	Qín cháo	Qin Dynasty (221-206 BC)
2	统一	Tǒngyī	Unify; unite; integrate; unified
3	正式进入	Zhèngshì jìnrù	Make somebody's bow
4	封建社会	Fēngjiàn shèhuì	Feudal society
5	时期	Shíqí	Period
6	封建制度	Fēngjiàn zhìdù	Feudalism; feudal system
7	取代	Qǔdài	Displace; replace; substitute for; take over
8	奴隶制度	Núlì zhìdù	Slavery; slavery system; institution of slavery
9	政治制度	Zhèngzhì zhìdù	Political system
10	经济制度	Jīngjì zhìdù	Economic system
11	数千	Shù qiān	Thousands of
12	漫长	Màncháng	Very long; endless
13	朝代	Cháodài	Dynasty
14	更迭	Gēngdié	Change; alternate; alternation
15	传承	Chuánchéng	Impart and inherit
16	叫做	Jiàozuò	Be called; be known as
17	小农经济	Xiǎonóng jīngjì	Small-peasant economy; small-scale peasant economy;
18	小农	Xiǎonóng	Small farmer
19	自然经济	Zìrán jīngjì	Natural economy
20	家庭手工业	Jiātíng shǒugōngyè	Domestic handicraft industry

21	也就是	Yě jiùshì	Namely; i.e.; that is
22	男耕女织	Nán gēng nǚ zhī	Men tilling the farm and women weaving; Men do farm work and women engage in spinning and weaving
23	自给自足	Zì jǐ zìzú	Provide for oneself; be able to support oneself; self-sufficient; self-sufficient and self-contained
24	一家人	Yījiā rén	All of the same family; one family
25	废除	Fèichú	Abolish; abrogate; annul; annihilate
26	延续	Yánxù	Continue; go on; last
27	明朝	Míng cháo	The Ming dynasty; tomorrow morning
28	说到	Shuō dào	Mention; speak of; refer to; as to
29	手工业	Shǒugōngyè	Handicraft industry; handicraft; manufacture
30	相结合	Xiāng jiéhé	Adjoin, combine
31	劳动者	Láodòng zhě	Laborer; worker
32	田地	Tiándì	Field; farmland
33	生产资料	Shēngchǎn zīliào	Means of production; capital goods; production goods
34	劳动力	Láodònglì	Labor force; work force
35	耗费	Hàofèi	Consume; expend; cost
36	体力	Tǐlì	Physical strength; physical power; physical capacity; spirit
37	农耕	Nónggēng	Peasant tiller
38	农忙	Nóngmáng	Busy season
39	进来	Jìnlái	Come in; get in; enter; in
40	等到	Děngdào	By the time; when

41	作物	Zuòwù	Crop
42	剩余	Shèngyú	Surplus; remainder; residue
43	剩下	Shèng xià	Be left; remain
44	拿去	Ná qù	Take away
45	换取	Huànqǔ	Exchange something for; get in return
46	鞋子	Xiézi	Shoes
47	生活必需品	Shēnghuó bìxūpǐn	Necessaries of life; daily necessities
48	必需品	Bìxūpǐn	Necessity good; necessities; requisite; necessary
49	出去	Chūqù	Go out; get out
50	之所以	Zhī suǒyǐ	The reason why
51	稳固性	Wěngù xìng	Stability
52	分工	Fēngōng	Divide the work; division of labor
53	统治者	Tǒngzhì zhě	Ruler; sovereign
54	时常	Shícháng	Often; frequently; now and again
55	给与	Gěi yǔ	Accord
56	优惠	Yōuhuì	Preferential; favorable
57	重农抑商	Zhòng nóng yì shāng	Favor agriculture and disfavor commerce
58	老百姓	Lǎobǎixìng	Common people; ordinary people
59	弊端	Bìduān	Malpractice; abuse; corrupt practice; disadvantage
60	没有了	Méiyǒule	No; Nothing; No more
61	奴隶主	Núlì zhǔ	Slave owner; slaveholder
62	封建	Fēngjiàn	The system of enfeoffment; feudalism
63	耕种	Gēngzhòng	Plough and sow; work on the farm; tillage; till

64	征税	Zhēng shuì	Tax collection; levy; taxation; collect tax
65	压榨	Yāzhà	Press; squeeze; expression; mechanical expression
66	非常地	Fēicháng de	Bitterly; extremely; very; very much
67	靠天吃饭	Kào tiān chīfàn	Live at the mercy of the elements; depend on Heaven for food; live by what one can find; rely on destiny
68	天灾人祸	Tiānzāi rénhuò	Natural calamities and man-made misfortunes; natural and man-made calamities; natural and man-made disaster; natural disaster and human foe
69	冰河	Bīnghé	Glacier
70	连年	Liánnián	In successive years; in consecutive years; for years running; for years on end
71	天灾	Tiānzāi	Natural disaster; act of God
72	流民	Liúmín	Refugee; exiled person
73	脆弱性	Cuìruò xìng	Vulnerability; fragility

Chinese (中文)

秦朝统一了中国之后，中国的历史正式进入了封建社会时期。封建制度取代了奴隶制度，成为中国新的政治制度。在这样的背景下，一种更为先进的经济制度出现了，而且在今后数千年漫长的朝代更迭当中，这种经济制度都得到了很好的保存和传承，并且不断演变以适应不同的历史阶段。这种经济制度，叫做"小农经济"。

小农经济是自然经济的一种。它通常以家庭为单位，结合了农业跟家庭手工业。也就是"男耕女织"。人们依靠这种经济方式可以达到自给自足的生存状态，满足一家人的日常需求。从秦朝废除了奴隶制度开始，中国的主要经济方式就是小农经济。这种情况一直延续到明朝的中期。明朝中期之后发生了什么后面会说到，这里先说小农经济。

小农经济最大的特点就是农业和手工业相结合。通常来说，小农经济下的劳动者只需要有一块田地，就可以开始自己创造生活所需的生产资料。家里的男性劳动力一般从事比较耗费体力的农耕工作，当然农忙的时候女性可能也需要参与进来。等到粮食或者其他作物成熟之后，农民在保留了自己所需要的的粮食之后，把剩余的粮食作为税金交给政府。剩下的部分，他们可以拿去换取一些别的产品，再由家里的女性来制作衣服、鞋子等生活必需品。当这些必需品再有剩余的话，他们可以把这些东西拿出去卖钱，成为"商品"。

小农经济之所以能够存在数千年，首先是因为它的稳固性。它以家庭为单位，男性女性的分工比较明确，需要的生产条件比较简单，有一块适合耕种的土地就可以开始。其次，在封建社会中，统治者们非常注重农业的发展，时常会给与农民优惠的政策，比如"重农抑商"，鼓励老百姓从事农业生产。但是，这种经济方式也有其致命的弊端。首先，封建制度虽然没有了奴隶主，但是封建统治者把所有的土地收为国有，然后分配给农民耕种进行征税。有的时期的封建统治者对于农民的压榨非常地狠，税收很高，这导致很多农民生存不下去。其次，这种靠天吃饭的经济方式风险很高，一旦出现天灾人祸，土地上什么都结不出来，小农经济就会遭受巨大的创伤。比如明朝末期的"小冰河"时期，就是连年的天灾使得农民无法生存，成为流民。流民开始组成了起义部队，最终推翻了明朝的统治。这就是小农经济脆弱性和伤害性的最直观的体现。

Pinyin (拼音)

Qín cháo tǒngyīliǎo zhōngguó zhīhòu, zhōngguó de lìshǐ zhèngshì jìnrùle fēngjiàn shèhuì shíqí. Fēngjiàn zhìdù qǔdàile núlì zhìdù, chéngwéi zhōngguó xīn de zhèngzhì zhìdù. Zài zhèyàng de bèijǐng xià, yī zhǒng gèng wèi xiānjìn de jīngjì zhìdù chūxiànle, érqiě zài jīnhòu shù qiān nián màncháng de cháodài gēngdié dāngzhōng, zhè zhǒng jīngjì zhìdù dōu dédàole hěn hǎo de bǎocún hé chuánchéng, bìngqiě bùduàn yǎnbiàn yǐ shìyìng bùtóng de lìshǐ jiēduàn. Zhè zhǒng jīngjì zhìdù, jiàozuò "xiǎonóng jīngjì".

Xiǎonóng jīngjì shì zìrán jīngjì de yī zhǒng. Tā tōngcháng yǐ jiātíng wèi dānwèi, jiéhéle nóngyè gēn jiātíng shǒugōngyè. Yě jiùshì "nán gēng nǚ zhī". Rénmen yīkào zhè zhǒng jīngjì fāngshì kěyǐ dádào zìjǐ zìzú de shēngcún zhuàngtài, mǎnzú yījiā rén de rìcháng xūqiú. Cóng qín cháo fèichúle núlì zhìdù kāishǐ, zhōngguó de zhǔyào jīngjì fāngshì jiùshì xiǎonóng jīngjì. Zhè zhǒng qíngkuàng yīzhí yánxù dào míng cháo de zhōngqí. Míng cháo zhōngqí zhīhòu fāshēngle shénme hòumiàn huì shuō dào, zhèlǐ xiān shuō xiǎonóng jīngjì.

Xiǎonóng jīngjì zuìdà de tèdiǎn jiùshì nóngyè hé shǒugōngyè xiāng jiéhé. Tōngcháng lái shuō, xiǎonóng jīngjì xià de láodòng zhě zhǐ xūyào yǒu yīkuài tiándì, jiù kěyǐ kāishǐ zìjǐ chuàngzào shēnghuó suǒ xū de shēngchǎn zīliào. Jiālǐ de nánxìng láodònglì yībān cóngshì bǐjiào hàofèi tǐlì de nónggēng gōngzuò, dāngrán nóngmáng de shíhòu nǚxìng kěnéng yě xūyào cānyù jìnlái. Děngdào liángshí huòzhě qítā zuòwù chéngshú zhīhòu, nóngmín zài bǎoliúle zìjǐ suǒ xūyào de de liángshí zhīhòu, bǎ shèngyú de liáng shi zuòwéi shuìjīn jiāo gěi zhèngfǔ. Shèng xià de bùfèn, tāmen kěyǐ ná qù huànqǔ yīxiē bié de chǎnpǐn, zài yóu jiālǐ de nǚxìng lái zhìzuò yīfú, xiézi děng shēnghuó bìxūpǐn. Dāng zhèxiē bìxūpǐn zài yǒu shèngyú dehuà, tāmen kěyǐ bǎ zhèxiē dōngxī ná chū qù mài qián, chéngwéi "shāngpǐn".

Xiǎonóng jīngjì zhī suǒyǐ nénggòu cúnzài shù qiān nián, shǒuxiān shi yīnwèi tā de wěngù xìng. Tā yǐ jiātíng wèi dānwèi, nánxìng nǚxìng de fēngōng bǐjiào míngquè, xūyào de shēngchǎn tiáojiàn bǐjiào jiǎndān, yǒu yīkuài shìhé gēngzhòng de tǔdì jiù kěyǐ kāishǐ. Qícì, zài fēngjiàn shèhuì zhōng, tǒngzhì zhěmen fēicháng zhùzhòng nóngyè de fǎ zhǎn, shícháng huì gěi yǔ nóngmín yōuhuì de zhèngcè, bǐrú "zhòng nóng yì shāng", gǔlì lǎobǎixìng cóngshì nóngyè shēngchǎn. Dànshì, zhè zhǒng jīngjì fāngshì yěyǒu qí zhìmìng de bìduān. Shǒuxiān, fēngjiàn zhìdù suīrán méiyǒule núlì zhǔ, dànshì fēngjiàn tǒngzhì zhě bǎ suǒyǒu de tǔdì shōu wèi guóyǒu, ránhòu fēnpèi jǐ nóngmín gēngzhòng jìnxíng zhēng shuì. Yǒu de shíqí de fēngjiàn tǒngzhì zhě duìyú nóngmín de yāzhà fēicháng de hěn, shuìshōu hěn gāo, zhè dǎozhì hěnduō nóngmín shēngcún bù xiàqù. Qícì, zhè zhǒng kào tiān chīfàn de jīngjì fāngshì fēngxiǎn hěn gāo, yīdàn chūxiàn tiānzāi rénhuò, tǔdì shàng shénme dōu jié bù chūlái, xiǎonóng jīngjì jiù huì zāoshòu jùdà de chuāngshāng. Bǐrú míng cháo mòqí de "xiǎo bīnghé" shíqí, jiùshì liánnián de tiānzāi shǐdé nóngmín wúfǎ shēngcún, chéngwéi liúmín. Liúmín kāishǐ zǔchéngle qǐyì bùduì, zuìzhōng tuīfānle míng cháo de tǒngzhì. Zhè jiùshì xiǎonóng jīngjì cuìruò xìng hé shānghài xìng de zuì zhíguān de tǐxiàn.

THE START OF CAPITALIST ECONOMY (资本主义经济的萌芽)

1	提到	Tí dào	Mention; refer to
2	小农经济	Xiǎonóng jīngjì	Small-peasant economy; small-scale peasant economy;
3	延续	Yánxù	Continue; go on; last
4	明朝	Míng cháo	The Ming dynasty; tomorrow morning
5	中期	Zhōngqí	Mid-term; medium term
6	资本主义经济	Zīběn zhǔyì jīngjì	Capitalist economy
7	萌芽	Méngyá	Sprout; germinate
8	小农	Xiǎonóng	Small farmer
9	代表性	Dàibiǎo xìng	Representativeness; typical
10	在于	Zàiyú	Lie in; rest with
11	手工业	Shǒugōngyè	Handicraft industry; handicraft; manufacture
12	相结合	Xiāng jiéhé	Adjoin, combine
13	有钱人	Yǒu qián rén	Haves; heavy citizen; rich man; wealthy man
14	他们自己	Tāmen zìjǐ	Themselves
15	种田	Zhòngtián	Till the land; farm
16	雇佣	Gùyōng	Employ; hire
17	布匹	Bùpǐ	Cloth; piece goods
18	售卖	Shòumài	Sell
19	赚取	Zhuàn qǔ	Earn; make a profit
20	工钱	Gōngqián	Money paid for odd jobs; charge for a service
21	缴纳税款	Jiǎonà shuì kuǎn	Hand in tax

22	生活必需品	Shēnghuó bìxūpǐn	Necessaries of life; daily necessities
23	在这种情况下	Zài zhè zhǒng qíngkuàng xià	In this event; in this situation; in this instance; on this condition
24	出卖	Chūmài	Offer for sale; sell
25	劳动者	Láodòng zhě	Laborer; worker
26	他们的	Tāmen de	Their; theirs
27	资本家	Zīběnjiā	Capitalist
28	很遗憾	Hěn yíhàn	Unfortunately; I'm sorry to hear that; I'm sorry.
29	资本主义	Zīběn zhǔyì	Capitalism
30	始终	Shǐzhōng	From beginning to end; from start to finish; all along; throughout
31	变革	Biàngé	Transform; reform; alter; change
32	经济制度	Jīngjì zhìdù	Economic system
33	根深蒂固	Gēnshēn dìgù	Ingrained; inveterate; become deeply ingrained in
34	抹去	Mǒ qù	Erase; blip; expunge
35	自由职业	Zìyóu zhíyè	Profession; self-employed; free occupation
36	自己的	Zìjǐ de	Self
37	耕作	Gēngzuò	Tilth; tillage; cultivation; farming
38	重农抑商	Zhòng nóng yì shāng	Favor agriculture and disfavor commerce
39	朝廷	Cháotíng	Royal or imperial court
40	收取	Shōuqǔ	Collect; gather
41	高昂	Gāo'áng	Hold high
42	税金	Shuìjīn	Taxes; taxation
43	商人们	Shāngrén men	Tradespeople

44	力不从心	Lìbù cóngxīn	One's strength does not match one's ambitions; ability falling short of one's wishes
45	飞速	Fēisù	At full speed
46	工业革命	Gōngyè gémìng	Industrial revolution; the Industrial Revolution
47	生产资料	Shēngchǎn zīliào	Means of production; capital goods; production goods
48	高水平	Gāo shuǐpíng	High tone
49	扼杀	Èshā	Strangle; smother; throttle; nip
50	覆灭	Fùmiè	Doom; destruction; complete collapse
51	封建社会	Fēngjiàn shèhuì	Feudal society

Chinese (中文)

上一章我们提到过，小农经济一直延续到了明朝中期。那么明朝中期之后，中国的经济发生了什么变化呢？这一段时期，资本主义经济开始萌芽。

小农经济的代表性在于它通常以家庭为单位，农业与手工业相结合。但是到了明朝中期之后，一种奇怪的现象出现了。城市里出现了很多有钱人，他们自己不种田也不织布，而是大量雇佣别的人替他们从事这些劳动。他们自己则拿着这些粮食和布匹，到市场上进行售卖，赚取更多的利润。在这之后，他们再给被雇佣者发放工钱，让他们缴纳税款和购买生活必需品。在这种情况下，原本的农民们的身份发生了改变，他们成为了出卖劳动力的劳动者。而他们的雇佣者，则成为了中国最早期的"资本家"。

但是很遗憾的是，从明朝中期开始，中国的资本主义虽然有了百年的发展时间，但是始终只是停留在一个"萌芽"的阶段，没有能够真正给中国的社会带来变革性的进步。原因出现在很多方面。首先，"小农经济"作为一个长久的经济制度，对于明朝中后期的农民来说还是一个根深蒂固的概念，难以迅速抹去。比起成为完全的自由职业劳动者，他们还是更愿意守着自己的土地进行耕作。其次，明朝"重农抑商"的政策极大阻碍了资本主义的发展。朝廷对于资本家会收取高昂的税金，这使得很多试图成为资本家的商人们感到力不从心。最后，手工业的发展缓慢也阻碍了资本主义的发展。我们知道，西方资本主义的飞速发展也是在工业革命使得生产力水平大幅提高之后才开始的。而小农经济下的手工业纯靠人力，产生的生产资料很难满足高水平的资本主义经济的要求。基于种种原因，明朝的资本主义经济被扼杀在了摇篮里。随着明朝的覆灭，小农经济重新成为封建社会下中国最主要的经济方式。

Pinyin (拼音)

Shàng yī zhāng wǒmen tí dàoguò, xiǎonóng jīng jǐ yīzhí yánxù dàole míng cháo zhōngqí. Nàme míng cháo zhōngqí zhīhòu, zhōngguó de jīngjì fāshēngle shénme biànhuà ne? Zhè yīduàn shíqí, zīběn zhǔyì jīngjì kāishǐ méngyá.

Xiǎonóng jīngjì de dàibiǎo xìng zàiyú tā tōngcháng yǐ jiātíng wèi dānwèi, nóngyè yǔ shǒugōngyè xiāng jiéhé. Dànshì dàole míng cháo zhōngqí zhīhòu, yī zhǒng qíguài de xiànxiàng chūxiànle. Chéngshì lǐ chūxiànle hěnduō yǒu qián rén, tāmen zìjǐ bù zhòngtián yě bùzhībù, ér shì dàliàng gùyōng bié de rén tì tāmen cóngshì zhèxiē láodòng. Tāmen zìjǐ zé názhe zhèxiē liángshí hé bùpǐ, dào shìchǎng shàng jìnxíng shòumài, zhuàn qǔ gèng duō de lìrùn. Zài zhè zhīhòu, tāmen zài gěi bèi gùyōng zhě fāfàng gōngqián, ràng tāmen jiǎonà shuì kuǎn hé gòumǎi shēnghuó bìxūpǐn. Zài zhè zhǒng qíngkuàng xià, yuánběn de nóngmínmen de shēnfèn fāshēngle gǎibiàn, tāmen chéngwéile chūmài láodònglì de láodòng zhě. Ér tāmen de gùyōng zhě, zé chéngwéile zhōngguó zuì zǎoqí de "zīběnjiā".

Dànshì hěn yíhàn de shì, cóng míng cháo zhōngqí kāishǐ, zhōngguó de zīběn zhǔyì suīrán yǒu liǎo bǎinián de fā zhǎn shíjiān, dànshì shǐzhōng zhǐshì tíngliú zài yīgè "méngyá" de jiēduàn, méiyǒu nénggòu zhēnzhèng gěi zhōngguó de shèhuì dài lái biàngé xìng de jìnbù. Yuányīn chūxiàn zài hěnduō fāngmiàn. Shǒuxiān, "xiǎonóng jīngjì" zuòwéi yīgè chángjiǔ de jīngjì zhìdù, duìyú míng cháo zhōng hòuqí de nóngmín lái shuō háishì yīgè gēnshēndìgù de gàiniàn, nányǐ xùnsù mǒ qù. Bǐ qǐ chéngwéi wánquán de zìyóu zhíyè láodòng zhě, tāmen háishì gèng yuànyì shǒuzhe zìjǐ de tǔdì jìnxíng gēngzuò. Qícì, míng cháo "zhòng nóng yì shāng" de zhèngcè jí dà zǔ'àile zīběn zhǔyì de fā zhǎn. Cháotíng duìyú zīběnjiā huì shōuqǔ gāo'áng de shuìjīn, zhè shǐdé hěnduō shìtú chéngwéi zīběnjiā de shāngrénmen gǎndào lìbùcóngxīn. Zuìhòu, shǒugōngyè de fā zhǎn huǎnmàn yě zǔ'àile zīběn zhǔyì de fā zhǎn. Wǒmen zhīdào, xīfāng zīběn zhǔyì de fēisù fāzhǎn yěshì zài gōngyè gémìng shǐdé shēngchǎnlì shuǐpíng dàfú tígāo zhīhòu cái kāishǐ de. Ér xiǎonóng jīngjì xià de shǒugōngyè chún kào rénlì, chǎnshēng de shēngchǎn zīliào hěn nán mǎnzú gāo shuǐpíng de zīběn zhǔyì jīngjì de yāoqiú. Jīyú zhǒngzhǒng yuányīn, míng cháo de zīběn zhǔyì jīngjì bèi èshā zàile yáolán lǐ. Suízhe míng cháo de fùmiè, xiǎonóng jīngjì chóngxīn chéngwéi fēngjiàn shèhuì xià zhōngguó zuì zhǔyào de jīngjì fāngshì.

PLANNED ECONOMY (计划经济)

1	清朝	Qīngcháo	Enlightened reign; Qing Dynasty (1644-1911)
2	末期	Mòqí	Last phase; final phase; last stage
3	不成功	Bù chénggōng	Flop; unsuccessful; get nowhere
4	内战	Nèizhàn	Civil war
5	迅速地	Xùnsù de	At the double; like a house on fire; with great speed
6	生产资料	Shēngchǎn zīliào	Means of production; capital goods; production goods
7	熟知	Shúzhī	Know very well; know intimately
8	计划经济	Jìhuà jīngjì	Planned economy
9	分配	Fēnpèi	Distribution; allocation; assignment; distribute
10	预先	Yùxiān	In advance; beforehand
11	安排	Ānpái	Arrange; plan; fix up; make arrangements for
12	依赖于	Yīlài yú	Depend on; dependent on; be dependent on
13	每年	Měinián	Every year; in the past; in the former years
14	事先	Shìxiān	In advance; beforehand; prior
15	好一个	Hǎo yīgè	What a
16	当年	Dāngnián	In those years; in those days; the same year; that very year
17	向着	Xiàngzhe	Turn towards; face; be opposite to

18	迈进	Màijìn	Stride forward; forge ahead
19	不时地	Bùshí de	From time to time; every now and then; now and again
20	完全自由	Wánquán zìyóu	Free rein
21	盲目性	Mángmù xìng	Blindness
22	不确定性	Bù quèdìng xìng	Uncertainty
23	经济衰退	Jīngjì shuāituì	Economic recession
24	建国	Jiànguó	Found a state; establish a state
25	初期	Chūqí	Prime; initial stage; early days; preliminary stage
26	中央人民政府	Zhōngyāng rénmín zhèngfǔ	Central people's government
27	赎买	Shúmǎi	Redeem; buy out
28	私人企业	Sīrén qǐyè	Individual enterprise; private enterprise
29	另一方面	Lìng yī fāngmiàn	On the other hand; the other side of the shield;
30	供销社	Gōngxiāo shè	Short for 供销合作社
31	有计划地	Yǒu jìhuà dì	Designedly
32	不可以	Bù kěyǐ	Not allowed; mustn't
33	一方面	Yī fāng miàn	One side; for one thing..., for another; on the one hand..., on the other hand
34	社会发展	Shèhuì fāzhǎn	Social development; Community Development; Society; Social progress
35	不平衡	Bù pínghéng	Out-off-balance; imbalance; lack of balance; non-equalizing
36	社会矛盾	Shèhuì	Social contradictions

		máodùn	
37	有效地	Yǒuxiào de	To advantage; with advantage; with effect
38	老百姓	Lǎobǎixìng	Folk; common people; ordinary people; civilians
39	不合理	Bù hélǐ	Unreasonable; irrational
40	关键时刻	Guānjiàn shíkè	Moment of truth; pinch; critical moment; the crucial moment
41	改革开放	Gǎigé kāifàng	Reform and open; reform and open to the outside world; reform and open up; reform and openness
42	总工程师	Zǒng gōngchéngshī	Chief engineer
43	大胆地	Dàdǎn de	Boldly; with a bold hand; audaciously
44	家庭联产承包责任制	Jiātíng lián chǎn chéngbāo zérèn zhì	Contracted responsibility system based on the farmer household, which links remuneration to output
45	经济特区	Jīngjì tèqū	Special economic zone (SEZ)
46	解放	Jiěfàng	Liberate; emancipate
47	包容	Bāoróng	Pardon; forgive; tolerate
48	几十年	Jǐ shí nián	Decades; several decades; decades of
49	完成了	Wánchéngle	Done; finished; completed
50	自己的	Zìjǐ de	Self
51	使命	Shǐmìng	Mission
52	退出	Tuìchū	Withdraw from; bow out; secede; quit
53	舞台	Wǔtái	Stage; arena

Chinese (中文)

经历了清朝末期和民国时期资本主义的不成功尝试，新中国的领导人们试图寻找一种新的经济方式，让中国从二战和内战的衰退中迅速地恢复过来。基于这种美好的愿望，中国决心学习当时苏联的模式，把生产资料收为国有，由国家统一安排和分配。这就是我们熟知的"计划经济"时期。

计划经济是指由国家对于物质资料的生产、分配和消费进行预先的计划和安排。这种经济下的一切发展计划都依赖于国家的政策。政府会在每年开始之前事先制定好一个当年的发展计划，给人民提出发展的目标。在劳动者开始向着这个目标迈进的时候，国家再不时地制定措施和政策，来解决发展当中遇到的一些问题。计划经济的优势是极大程度避免了完全自由市场的盲目性和不确定性，减少了经济衰退和因为发展不平衡而导致的社会危机等情况。

在新中国建国初期，中央人民政府进行了"三大改造"，以赎买的方式把建国之前的私人企业收为国有，让国家来统一安排生产和发展。另一方面，国家建立了供销社等职能单位，对于国家所掌握的生产资料进行有计划地分配，出现了"粮票""油票""布票"等等事物，规定了人们对于生产资料的购买不可以超过国家分配的额定数量。一方面，这种经济减缓了社会发展不平衡、避免了因此而带来的社会矛盾，在建国初期有效地快速提高了国家的发展水平，使国力得到了迅速的恢复；但是另一方面，这也限制了老百姓的正常生活。当时社会上出现了很多分配不合理的现象，使得社会发展一度停滞不前。

在这种是否需要变革的关键时刻，"改革开放"的总工程师邓小平顶住了巨大的质疑和压力，决定对于"计划经济"这一经济模式展开改革。他大胆地鼓励在农村实行家庭联产承包责任制、在东海岸建立了经济特区，鼓励新的经济模式的发展。同时，不断解放的思想使得人们对于经济模式的改革变得更加包容。几十年的计划经济完成了自己的使命，逐渐退出了中国经济的历史舞台。

Pinyin (拼音)

Jīnglìle qīngcháo mòqí hé mínguó shíqí zīběn zhǔyì de bù chénggōng chángshì, xīn zhōngguó de lǐngdǎo rénmen shìtú xúnzhǎo yī zhǒng xīn de jīngjì fāngshì, ràng zhōngguó cóng èrzhàn hé nèizhàn de shuāituì zhōng xùnsù de huīfù guòlái. Jīyú zhè zhǒng měihǎo de yuànwàng, zhōngguó juéxīn xuéxí dāngshí sūlián de móshì, bǎ shēngchǎn zīliào shōu wèi guóyǒu, yóu guójiā tǒngyī ānpái hé fēnpèi. Zhè jiùshì wǒmen shúzhī de "jìhuà jīngjì" shíqí.

Jìhuà jīngjì shì zhǐ yóu guójiā duìyú wùzhí zīliào de shēngchǎn, fēnpèi hé xiāofèi jìnxíng yùxiān de jìhuà hé ānpái. Zhè zhǒng jīngjì xià de yīqiè fāzhǎn jìhuà dōu yīlài yú guójiā de zhèngcè. Zhèngfǔ huì zài měinián kāishǐ zhīqián shìxiān zhìdìng hǎo yīgè dāngnián de fǎ zhǎn jìhuà, jǐ rénmín tíchū fāzhǎn de mùbiāo. Zài láodòng zhě kāishǐ xiàngzhe zhège mùbiāo màijìn de shíhòu, guójiā zài bu shí dì zhìdìng cuòshī hé zhèngcè, lái jiějué fāzhǎn dāngzhōng yù dào de yīxiē wèntí. Jìhuà jīngjì de yōushì shì jí dà chéngdù bìmiǎnle wánquán zìyóu shìchǎng de mángmù xìng hé bù quèdìng xìng, jiǎnshǎole jīngjì shuāituì hé yīnwèi fāzhǎn bù pínghéng ér dǎozhì de shèhuì wéijī děng qíngkuàng.

Zài xīn zhōngguó jiànguó chūqí, zhōngyāng rénmín zhèngfǔ jìnxíngle "sān dà gǎizào", yǐ shúmǎi de fāngshì bǎ jiànguó zhīqián de sīrén qǐyè shōu wèi guóyǒu, ràng guójiā lái tǒngyī ānpái shēngchǎn hé fāzhǎn. Lìng yī fāngmiàn, guójiā jiànlìle gōngxiāo shè děng zhínéng dānwèi, duìyú guójiā suǒ zhǎngwò de shēngchǎn zīliào jìnxíng yǒu jìhuà dì fēnpèi, chūxiànle "liáng piào" "yóu piào" "bù piào" děng děng shìwù, guīdìngle rénmen duìyú shēngchǎn zīliào de gòumǎi bù kěyǐ chāoguò guójiā fēnpèi de édìng shùliàng. Yī fāngmiàn, zhè zhǒng jīngjì jiǎnhuǎnle shèhuì fāzhǎn bù pínghéng, bìmiǎnle yīncǐ ér dài lái de shèhuì máodùn, zài jiànguó chūqí yǒuxiào de kuàisù tígāole guójiā de fǎ zhǎn shuǐpíng, shǐ guólì dédàole xùnsù de huīfù; dànshì lìng yī fāngmiàn, zhè yě xiànzhìle lǎobǎixìng de zhèngcháng shēnghuó. Dāngshí shèhuì shàng chūxiànle hěnduō fēnpèi bù hélǐ de xiànxiàng, shǐdé shèhuì fāzhǎn yīdù tíngzhì bù qián.

Zài zhè zhǒng shìfǒu xūyào biàngé de guānjiàn shíkè, "gǎigé kāifàng" de zǒng gōngchéngshī dèngxiǎopíng dǐng zhùle jùdà de zhíyí hé yālì, juédìng duìyú "jìhuà jīngjì" zhè yī jīngjì móshì zhǎnkāi gǎigé. Tā dàdǎn de gǔlì zài nóngcūn shí háng jiātíng lián chǎn chéngbāo zérèn zhì, zài dōng hǎi'àn jiànlìle jīngjì tèqū, gǔlì xīn de jīngjì móshì de fǎ zhǎn. Tóngshí, bùduàn jiěfàng de sīxiǎng shǐdé rénmen duìyú jīngjì móshì de gǎigé biàn dé gèngjiā bāoróng. Jǐ shí nián de jìhuà jīngjì wánchéngle zìjǐ de shǐmìng, zhújiàn tuìchūle zhōngguó jīngjì de lìshǐ wǔtái.

SOCIALIST MARKET ECONOMY (社会主义市场经济)

1	计划经济	Jìhuà jīngjì	Planned economy
2	国情	Guóqíng	The condition of a country; national conditions
3	经济体制	Jīngjì tǐzhì	Economic structure; economic system
4	社会主义市场经济	Shèhuì zhǔyì shìchǎng jīngjì	Socialist market economy
5	以公有制为主体	Yǐ gōngyǒuzhì wéi zhǔtǐ	With public ownership playing the dominant role; with the public ownership remaining dominant
6	多种所有制	Duō zhǒng suǒyǒuzhì	Economy with different types of ownership
7	并存	Bìngcún	Exist side by side; the simultaneous existence of; coexistence of
8	包容	Bāoróng	Pardon; forgive; tolerate
9	我们的	Wǒmen de	Ours
10	等同于	Děngtóng yú	Equivalent; be equal to; same as
11	宣扬	Xuānyáng	Publicize; propagate; advocate; advertise
12	自由市场	Zìyóu shìchǎng	Free market; open market
13	资本主义经济	Zīběn zhǔyì jīngjì	Capitalist economy
14	社会主义国家	Shèhuì zhǔyì guójiā	Socialist state; socialist country

15	宏观调控	Hóngguān tiáokòng	Macroeconomic regulation
16	合理地	Hélǐ de	Reasonably; possibly; legitimately
17	经济危机	Jīngjìwéijī	Economic crisis
18	绝大部分	Jué dà bùfèn	Most of; best part of
19	热情	Rèqíng	Enthusiasm; ardour; devotion; warmth
20	高涨	Gāozhàng	Upsurge; surge ahead; rise high; run high
21	自己的	Zìjǐ de	Self
22	生产价值	Shēngchǎn jiàzhí	Productive value
23	在这种情况下	Zài zhè zhǒng qíngkuàng xià	In this event; in this situation; in this instance
24	公有制	Gōngyǒuzhì	Public ownership
25	前提	Qiántí	Premise
26	逐步	Zhúbù	Step by step; progressively; gradually; proceed orderly
27	放开	Fàng kāi	Let go; lift the control over
28	活力	Huólì	Vigor; vitality; energy
29	监督	Jiāndū	Supervise; superintend; control; monitoring
30	私有制	Sīyǒuzhì	Private ownership
31	手段	Shǒuduàn	Means; medium; measure; method
32	引导	Yǐndǎo	Guide; lead; pilot
33	不至于	Bù zhìyú	Can't go so far as to
34	走向	Zǒuxiàng	Run; trend; alignment; move towards

35	总体上	Zǒngtǐ shàng	As a whole; in the mass; on the whole
36	当下	Dāngxià	Instantly; immediately; at once
37	道路	Dàolù	Road; way; path
38	优势	Yōushì	Superiority; preponderance; dominant position; goodness
39	摒弃	Bǐngqì	Abandon; get rid of
40	分别	Fēnbié	Part; leave each other; distinguish; differentiate
41	弊端	Bìduān	Malpractice; abuse; corrupt practice; disadvantage
42	使得	Shǐdé	Can be used; usable
43	指引	Zhǐyǐn	Point; guide; show
44	快速地	Kuàisù de	Quickly

Chinese (中文)

计划经济之后，中国的领导人试图摸索出一条新的、适合中国国情的经济体制。于是，社会主义市场经济出现了。它强调以公有制为主体，多种所有制并存。比起计划经济来，它对于市场的自我调节更加包容。但是，这并不等于说我们的经济就等同于宣扬自由市场的资本主义经济了。中国的社会主义市场经济依然是处在社会主义国家和政府宏观调控之下的。政府依然会监督市场的发展情况，更加合理地分配社会创造的价值，同时也避免了市场的盲目发展以及可能因此带来的经济危机。

在计划经济时期，中国绝大部分的企业都被收为国有，成为国家实际操控的单位。人们从事生产的劳动热情并不高涨，因为自己的收入跟创造的生产价值并不成比例。在这种情况下，国家在坚持以公有制为基础的前提下，逐步放开私有制企业的发展，给市场带来了活力，提升了人们创造价值的热情。同时，社会主义国家的政府会监督私有制企业的发展，并且以宏观调控的手段来引导和支持非公有制企业的发展，从而使它们不至于走向错误的方向。总体上而言，社会主义市场经济是一条当下最适合中国发展的经济道路。它结合了计划和市场的优势，摒弃了两种模式分别存在的弊端，使得市场在发展的同时可以得到政府的有效监管和指引，快速地提高中国经济的发展水平。

Pinyin (拼音)

Jìhuà jīngjì zhīhòu, zhōngguó de lǐngdǎo rén shìtú mōsuǒ chū yītiáo xīn de, shìhé zhōngguó guóqíng de jīngjì tǐzhì. Yúshì, shèhuì zhǔyì shìchǎng jīngjì chūxiànle. Tā qiángdiào yǐ gōngyǒuzhì wéi zhǔtǐ, duō zhǒng suǒyǒuzhì bìngcún. Bǐ qǐ jìhuà jīngjì lái, tā duìyú shìchǎng de zìwǒ tiáojié gèngjiā bāoróng. Dànshì, zhè bìng bù děngyú shuō wǒmen de jīngjì jiù děngtóng yú xuānyáng zìyóu shìchǎng de zīběn zhǔyì jīngjìle. Zhōngguó de shèhuì zhǔyì shìchǎng jīngjì yīrán shì chù zài shèhuì zhǔyì guójiā hé zhèngfǔ hóngguān tiáokòng zhī xià de. Zhèngfǔ yīrán huì jiāndū shìchǎng de fǎ zhǎn qíngkuàng, gèngjiā hélǐ dì fēnpèi shèhuì chuàngzào de jiàzhí, tóngshí yě bìmiǎnle shìchǎng de mángmù fāzhǎn yǐjí kěnéng yīncǐ dài lái de jīngjìwéijī.

Zài jìhuà jīngjì shíqí, zhōngguó jué dà bùfèn de qǐyè dōu bèi shōu wèi guóyǒu, chéngwéi guójiā shíjì cāokòng de dānwèi. Rénmen cóngshì shēngchǎn de láodòng rèqíng bìng bù gāozhàng, yīnwèi zìjǐ de shōurù gēn chuàngzào de shēngchǎn jiàzhí bìng bùchéng bǐlì. Zài zhè zhǒng qíngkuàng xià, guójiā zài jiānchí yǐ gōngyǒuzhì wèi jīchǔ de qiántí xià, zhúbù fàng kāi sīyǒuzhì qǐyè de fǎ zhǎn, gěi shìchǎng dài láile huólì, tíshēngle rénmen chuàngzào jiàzhí de rèqíng. Tóngshí, shèhuì zhǔyì guójiā de zhèngfǔ huì jiāndū sīyǒuzhì qǐyè de fǎ zhǎn, bìngqiě yǐ hóngguān tiáokòng de shǒuduàn lái yǐndǎo hé zhīchí fēi gōngyǒuzhì qǐyè de fǎ zhǎn, cóng'ér shǐ tāmen bù zhìyú zǒuxiàng cuòwù de fāngxiàng. Zǒngtǐ shàng ér yán, shèhuì zhǔyì shìchǎng jīngjì shì yītiáo dāngxià zuì shìhé zhōngguó fāzhǎn de jīngjì dàolù. Tā jiéhéle jìhuà hé shìchǎng de yōushì, bǐngqìle liǎng zhǒng móshì fēnbié cúnzài de bìduān, shǐdé shìchǎng zài fāzhǎn de tóngshí kěyǐ dédào zhèngfǔ de yǒuxiào jiānguǎn hé zhǐyǐn, kuàisù de tígāo zhōngguó jīngjì de fǎ zhǎn shuǐpíng.

CONCLUDING REMARKS (结语)

1	历史上	Lìshǐ shàng	Historically; in history
2	更替	Gēngtì	Replace; take turns; substitute
3	发展方向	Fāzhǎn fāngxiàng	Development direction
4	当时	Dāngshí	Then; at that time; just at that moment; right away; at once; immediately
5	社会制度	Shèhuì zhìdù	Social institution; social system
6	密不可分	Mì bùkěfēn	Interlinked
7	长达	Zhǎng dá	Lengthen out to
8	数千	Shù qiān	Thousands of
9	封建制度	Fēngjiàn zhìdù	Feudalism; feudal system
10	小农经济	Xiǎonóng jīngjì	Small-peasant economy; small-scale peasant economy; small-scale farming by individual owners
11	朝代	Cháodài	Dynasty
12	更迭	Gēngdié	Change; alternate; alternation
13	经济制度	Jīngjì zhìdù	Economic system
14	偶然现象	Ǒurán xiànxiàng	Accidental (or fortuitous) phenomena
15	社会主义市场经济	Shèhuì zhǔyì shìchǎng jīngjì	Socialist market economy
16	亲眼	Qīnyǎn	With one's own eyes; personally
17	建国	Jiànguó	Found a state; establish a state
18	一穷二白	Yīqióng' èrbái	Be poor and blank; economically poor and culturally blank;

19	到现在	Dào xiànzài	Up to now
20	经济体	Jīngjì tǐ	Economy; Economies; Member Economy
21	飞速	Fēisù	At full speed
22	勇于	Yǒngyú	Be brave in; be bold in; have the courage to
23	经济发展	Jīngjì fāzhǎn	Economic development
24	有理由	Yǒu lǐyóu	There are grounds/reasons to…; have the reason to; well founded; with reason
25	迈向	Mài xiàng	March toward

Chinese (中文)

以上就是中国几千年历史上的主要经济模式。通过这些经济的更替我们可以发现，经济的发展方向是和当时的社会制度密不可分的。长达数千年的封建制度下，小农经济成为了中国朝代更迭下依然可以延续数千年的经济制度，这并不是一种偶然现象。而在我们进入到社会主义新的历史阶段之后，社会主义市场经济将会长期实施。我们已经亲眼见证了新中国从建国初期一穷二白的贫困国家，到现在全球第二大经济体的飞速发展。这跟政府坚持不移但是又勇于开拓创新的经济发展思路是密不可分的。我们有理由相信，中国的经济一定可以在现行的经济制度下，迈向一个新的高度，最终实现全民族的共同富裕。

Pinyin (拼音)

Yǐshàng jiùshì zhōngguó jǐ qiān nián lìshǐ shàng de zhǔyào jīngjì móshì. Tōngguò zhèxiē jīngjì de gēngtì wǒmen kěyǐ fāxiàn, jīngjì de fā zhǎn fāngxiàng shì hé dāngshí de shèhuì zhìdù mì bùkěfēn de. Zhǎng dá shù qiān nián de fēngjiàn zhìdù xià, xiǎonóng jīngjì chéngwéile zhōngguó cháodài gēngdié xià yīrán kěyǐ yánxù shù qiān nián de jīngjì zhìdù, zhè bìng bùshì yī zhǒng ǒurán xiànxiàng. Ér zài wǒmen jìnrù dào shèhuì zhǔyì xīn de lìshǐ jiēduàn zhīhòu, shèhuì zhǔyì shìchǎng jīngjì jiāng huì chángqí shíshī. Wǒmen yǐjīng qīnyǎn jiànzhèngle xīn zhōngguó cóng jiànguó chūqí yīqióng'èrbái de pínkùn guójiā, dào xiànzài quánqiú dì èr dà jīngjì tǐ de fēisù fāzhǎn. Zhè gēn zhèngfǔ jiānchí bù yí dànshì yòu yǒngyú kāità chuàngxīn de jīngjì fāzhǎn sīlù shì mì bùkěfēn de. Wǒmen yǒu lǐyóu xiāngxìn, zhōngguó de jīng jǐ yīdìng kěyǐ zài xiànxíng de jīngjì zhìdù xià, mài xiàng yīgè xīn de gāodù, zuìzhōng shíxiàn quán mínzú de gòngtóng fùyù.

www.QuoraChinese.com

www.ingramcontent.com/pod-product-compliance
Lightning Source LLC
LaVergne TN
LVHW062000070526
838199LV00060B/4219